CODE

DES

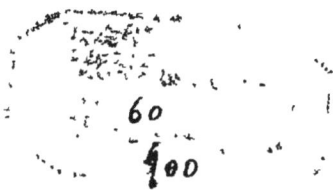

COURSES A VOILE

EN RIVIÈRE

DU

Cercle de la Voile de Paris

~~~~~~~~~~

MACON

PROTAT FRÈRES, IMPRIMEURS

—

1900

CODE DES COURSES A VOILE
EN RIVIÈRE

Le Code des courses régit toutes les courses et engagements particuliers patronnés par la Société.

Première partie. — Courses de sociétaires et courses publiques. — Classification des bateaux. — Jauge. — Allégeance. — Engagements et entrées de course. — Police des courses. — Mesures de sauvetage.

Deuxième partie. — Signaux de parcours et guidons de course. — Départ. — Parcours. — Arrivée. — Infractions aux règles de course. — Réclamations. — Prix.

Troisième partie. — Courses remises et épreuves nulles. — Pénalités. — Engagements particuliers.

PREMIÈRE PARTIE

Courses de sociétaires et courses publiques. — Classification des bateaux. — Jauge. — Allégeance. — Engagements et entrées de course. — Police des courses. — Mesures de sauvetage.

COURSES DE SOCIÉTAIRES ET COURSES PUBLIQUES

ARTICLE PREMIER. — Les courses données par la

Société sont divisées en courses de sociétaires et courses publiques.

Dans les courses de sociétaires, chaque bateau doit être conduit par un sociétaire ou par un amateur muni de l'autorisation dont il est parlé ci-après, le reste de l'équipage restant libre.

Cette autorisation peut être délivrée aux amateurs étrangers au Cercle par simple décision du Conseil, sur demande écrite formulée par deux sociétaires. Elle est valable pour une année et toujours révocable par décision du Conseil.

Il peut être donné des courses de sociétaires pour bateaux montés par un homme seul.

Les courses publiques sont ouvertes à tous les coureurs. Dans ces courses, le propriétaire doit être présent à bord de son bateau pendant toute la durée de la course ou s'y faire représenter par un amateur agréé par le président de course.

Sont considérés comme amateurs toutes les personnes qui ne tirent ou n'ont pas tiré leurs moyens d'existence d'une profession manuelle, exercée d'une façon habituelle et continue pour ou sur des bateaux.

CLASSIFICATION DES BATEAUX

ART. 2. — Les bateaux sont classés en séries d'après leur jauge de course, ainsi qu'il suit :

1re SÉRIE. — Bateaux n'excédant pas 1/2 tonneau. Lettre G du code international.

2ᵉ SÉRIE. — Bateaux au-dessus de 1/2 tonneau et n'excédant pas un tonneau. Lettre B.

3ᵉ SÉRIE. — Bateaux au-dessus de 1 tonneau et n'excédant pas 2 tonneaux. Lettre J.

4ᵉ SÉRIE. — Bateaux au-dessus de 2 tonneaux et n'excédant pas 3 tonneaux. Lettre H.

5ᵉ SÉRIE. — Bateaux au-dessus de 3 tonneaux et n'excédant pas 5 tonneaux. Lettre L.

6ᵉ SÉRIE. — Bateaux au-dessus de 5 tonneaux. Lettre V.

Lors de la confection du programme, le Conseil peut réunir plusieurs séries en une seule.

JAUGE

ART. 3. — La jauge est celle adoptée par le Congrès de 1892. (Voir page 22.)

Les bateaux seront jaugés par les soins du Conseil d'administration auquel les propriétaires seront tenus de fournir tous les renseignements qui leur seront demandés.

ALLÉGEANCE

ART. 4. — L'allégeance entre les bateaux est proportionnelle à la longueur du parcours, et se calcule conformément au tableau ci-après, page 87.

ENGAGEMENTS ET ENTRÉES DE COURSES

ART. 5. — Les engagements ne sont reçus que

des propriétaires ou de leurs ayants droit munis de pouvoirs ; ils doivent être faits, soit par écrit, soit verbalement, au pavillon du cercle à Meulan, le jour de la course avant midi.

ART. 6. — Le premier engagement doit être fait par écrit et contenir :

Le nom du ou des propriétaires ;
Celui du bateau ;
Les dimensions nécessaires au calcul de la jauge ;
Le fac-similé du guidon.

ART. 7. — Aucun engagement ne sera reçu sans le payement préalable de la cotisation et de l'entrée de courses.

ART. 8. — Le Conseil a le droit, pour les courses publiques, de fixer une entrée, selon l'importance du prix, dans chaque série.

Il pourra, en outre, aux conditions qu'il déterminera chaque année, accorder pour chaque saison, le droit d'abonnement aux courses du Cercle.

ART. 9. — Tout propriétaire pourra, au début de chaque saison, engager son bateau pour toutes les courses publiques prévues au programme sous la condition de verser, au moment de l'engagement, le montant de toutes les entrées ou de l'abonnement fixé par le Conseil d'administration.

S'il désire que son bateau puisse prendre part aux courses de sociétaires, cet abonnement ne peut être inférieur à la cotisation annuelle d'un membre souscripteur.

ART. 10. — Le produit des entrées est acquis à la Société, alors même que le bateau ne prend pas part à la course pour laquelle il a été inscrit. Mais le versement de l'abonnement prévu à l'article précédent profite au nouveau propriétaire, en cas de vente d'un bateau en cours de saison.

POLICE DES COURSES

ART. 11. — Chaque course est présidée par un sociétaire désigné par le Conseil d'administration.

Le président de course reçoit les engagements, veille au recouvrement des entrées, fixe le parcours et les conditions dans lesquelles il doit être effectué, reçoit les réclamations, les mentionne au procès-verbal, ainsi que les infractions au règlement dont il aurait eu connaissance, et transmet le procès-verbal au secrétaire des courses.

ART. 12. — Ne peuvent être désignés pour présider les courses publiques les sociétaires qui seraient intéressés dans ces courses.

Dans les courses de sociétaires, le président désigné est autorisé à y prendre part lui-même, mais il doit, dans ce cas, donner, avant la course, ses instructions à l'agent du cercle chargé de donner le départ et d'opérer les pointages en son lieu et place sous sa responsabilité.

Dans ce cas, le président perd tout droit à la direction de la course pendant sa durée.

ART. 13. — Les promeneurs doivent libre passage aux coureurs sous toutes allûres. Ils doivent s'abstenir de gêner en rien les bateaux en course et sont responsables des avaries causées par leur fait aux coureurs.

Ils doivent également veiller à ne pas déranger les bouées.

Les délinquants seront traduits devant le Conseil d'administration et application leur sera faite des peines édictées en l'article 51.

L'estimation des avaries ainsi causées sera faite sans recours possible en justice, par le Conseil d'administration.

MESURES DE SAUVETAGE

ART. 14. — Pendant la course, tout bateau doit avoir à son bord une bouée ou un coussin de sauvetage prêt à être jeté à l'eau.

Tout bateau qui, après avoir chaviré en course, viendrait à couler, ne pourra prendre part à aucune régate pendant un an, même s'il vient à être vendu.

ART. 15. — Si un homme vient à tomber à l'eau ou un bateau à chavirer, les bateaux en position de porter secours doivent le faire.

La course est alors remise ou annulée à moins que les prix n'aient été acquis par des bateaux ayant terminé leur parcours avant l'accident, ou par ceux qui étant hors d'état de porter secours, étaient, à l'avis du jury, sur le point de terminer le parcours.

La course devra également être remise ou annulée si l'un des bateaux qui ont porté secours ou ont changé leur route dans cette intention était placé de manière qu'il ne lui fût pas impossible de remporter un prix.

Le bateau, ayant eu besoin de secours, qui aura motivé un semblable ajournement, ne pourra prendre part à la nouvelle épreuve.

DEUXIÈME PARTIE

Signaux de parcours et guidons de course. — Départ. — Parcours. — Arrivée. — Infractions aux règles de course. — Réclamations. — Prix.

SIGNAUX DE PARCOURS ET GUIDONS DE COURSE

Art. 16. — Le parcours est indiqué par les signaux suivants hissés au sémaphore du cercle :

Pavillon carré : petit parcours ;

Flamme : grand parcours ;

Couleur bleue : virage sur la rive droite ;

Couleur rouge : virage sur la rive gauche ;

Le nombre de pavillons ou flammes indique le nombre de tours à faire.

*

Dans le bassin de Meulan tous les départs se font à la remonte et toutes les arrivées à la descente devant le pavillon du cercle.

L'emplacement des bouées déterminant les longueurs du grand et du petit parcours est fixé par le Conseil.

ART. 17. — Tous les bateaux portent en course, de chaque bord, un pavillon rectangulaire rouge de 0^m 30 de guindant frappé dans les haubans. Tout bateau non pourvu de ces pavillons ne sera pas considéré comme en course.

Ces guidons ne peuvent être portés en dehors des courses et des matchs particuliers.

DÉPARTS

ART. 18. — Les départs sont donnés aux heures précises fixées par les programmes :

Les signaux de départ sont donnés de la manière suivante :

Signal d'attention. — Pavillon du cercle et pavillons de séries amenés à mi-mât un quart d'heure avant le départ de la première course.

Signal d'avertissement. — Pavillons hissés en tête de mât, cinq minutes avant le départ.

A partir de ce signal, les bateaux sont soumis aux règles de course.

Signal de départ. — Pavillons amenés, cinq minutes après le signal d'avertissement.

A partir de ce signal, les bateaux ont cinq minutes pour se faire pointer.

Tout bateau qui n'aura pas traversé la ligne de pointage dans ce délai sera considéré comme étant réellement parti cinq minutes après le signal de départ et son temps sera compté de ce moment.

Tout bateau qui aura dépassé la ligne avant le signal de départ sera tenu de la traverser de nouveau en prenant soin que l'exécution de cette manœuvre n'oblige pas ses concurrents à modifier leur route.

A l'expiration des cinq minutes accordées aux bateaux pour se faire pointer, le pavillon du cercle sera rehissé en tête de mât.

Les signaux seront autant que possible appuyés d'une bombe ou d'un coup de trompe.

ART. 19. — En cas de départs successifs de plusieurs séries, les signaux d'avertissement et de départ seront seuls répétés.

ART. 20. — Le passage des bateaux compte du moment où leur étrave à la flottaison traverse la ligne de pointage.

ART. 21. — Le départ est donné même si un seul bateau se présente ; dans ce cas, ce bateau doit fournir régulièrement son parcours.

PARCOURS

§ 1er. — *Dispositions générales.*

ART. 22. — Le parcours doit s'effectuer à l'aide

de la voilure seule. Tout propulseur étranger est rigoureusement prohibé. Il est interdit de godiller avec le gouvernail et de sonder autrement qu'avec un plomb de sonde.

ART. 23. — Il est permis de mouiller une ancre en course à condition de la reprendre à bord avant de continuer le parcours. Cette manœuvre ne doit pas servir à donner de l'erre au bateau.

ART. 24. — Tout bateau peut jeter du lest en route, mais ne peut pas en prendre, ni remplir des caisses à eau.

Aucun homme ne peut volontairement quitter le bord pendant la course, à moins que ce ne soit pour opérer un sauvetage.

ART. 25. — Les bateaux échoués peuvent se désengraver au moyen de la voilure seule ou en mouillant une ancre. Ils peuvent employer tout autre moyen du bord à la condition d'avoir au préalable amené leur voilure.

Tout bateau échoué par la faute d'un concurrent peut se désengraver par tous les moyens possibles et sans avoir besoin d'amener sa voilure.

§ 2e. — Règles de route.

ART. 26. — Quand deux bateaux font des routes qui se rapprochent l'un de l'autre de manière à leur faire courir des risques d'abordage, l'un des deux doit s'écarter de la route de l'autre suivant les règles suivantes :

A. — Le bateau qui navigue au plus près doit s'écarter de la route de celui qui navigue grand largue ou vent arrière.

- B. — Le bateau qui navigue au plus près babord amures doit s'écarter de la route de celui qui navigue au plus près tribord amures.

C. — Lorsque deux bateaux courent largue sous des amures différentes, celui qui reçoit le vent par babord doit s'écarter de la route de l'autre.

ART. 27. — Lorsqu'un bateau en rattrape un autre, le bateau qui est devant a le droit de loffer autant qu'il veut pour empêcher l'autre de passer à son vent, mais il ne doit jamais arriver pour l'empêcher de passer sous le vent.

A partir du moment où les deux bateaux sont engagés l'un sur l'autre, le bateau rattrapé doit suivre la direction normale du parcours, et le bateau qui va le plus vite doit faire en sorte de ne pas toucher l'autre.

ART. 28. — Deux bateaux sont considérés comme engagés l'un sur l'autre lorsque celui qui est derrière, se trouvant à la hauteur de celui qui le précède, ne peut à son choix passer à droite ou à gauche sans le toucher.

ART. 29. — Si un bateau serre de près la terre ou un obstacle quelconque, celui qui suit ne peut s'engager entre lui et l'obstacle qu'à ses risques et périls.

ART. 30. — Nul ne peut se plaindre d'être masqué.

ART. 31. — Lorsque plusieurs bateaux courant bord à bord arrivent près de terre ou d'un obstacle quelconque (les bouées étant considérées comme obstacles), ils doivent successivement s'écarter de façon que celui qui est le plus rapproché de terre ou de l'obstacle ne vienne pas à s'échouer ou à toucher cet obstacle.

Si les bateaux naviguent au plus près, celui qui est au large doit virer aussitôt qu'il en est requis par celui qui est sous le vent; mais alors celui-ci est obligé de virer en même temps que le bateau auquel cette manœuvre a été imposée.

§ 3e. — *Virages des bouées.*

ART. 32. — Les virages des bouées se font dans le sens indiqué par les signaux du parcours.

Chaque bouée doit être laissée par les bateaux respectivement à l'intérieur de chacune des boucles du 8 formé par le tracé du parcours.

ART. 33. — Tout bateau qui touche une partie quelconque de la bouée et de ses agrès par n'importe quelle partie de sa coque ou de son gréement est mis hors de course.

ART. 34. — Un bateau est considéré comme effectuant son virage, lorsqu'une partie quelconque de sa coque ou de son gréement se trouve en dehors des lignes menées perpendiculairement à l'axe de la rivière par les bouées limitant le parcours.

ART. 35. — Lorsqu'un bateau se présente pour virer à une allure quelconque, il doit passer par rapport à la bouée au large de ceux qui effectuent leur virage. S'il croit avoir l'espace suffisant pour passer entre eux et la bouée, il fait cette manœuvre à ses risques et périls, sans que ceux-ci soient tenus en aucun cas de lui faire de la place.

Cette règle ne souffre d'exception que dans le cas prévu par l'article suivant.

ART. 36. — Si plusieurs bateaux se présentent ensemble au virage sous les mêmes amures ou vent arrière, engagés les uns sur les autres, celui qui est le plus éloigné de la bouée doit s'en écarter le premier, et ainsi de suite des autres, de manière que le bateau le plus en dedans ait la place nécessaire pour ne pas aborder la bouée ou ses concurrents.

Les droits des bateaux sont déterminés par la position qu'ils occupent au moment précis où le premier commence à effectuer son virage.

ARRIVÉE

ART. 37. — Les bateaux sont considérés comme arrivés quand leur étrave à la flottaison a dépassé la ligne de pointage.

Art. 38. — Dans toutes les courses si aucun bateau n'est arrivé à 4 heures, la course est annulée; si un ou plusieurs bateaux ont fini le parcours à 4 heures, la course est continuée, pour leurs concurrents, jusqu'à 5 heures, et les résultats ne sont comptés qu'entre les bateaux arrivés avant cette dernière heure.

Toutefois, pendant le parcours, le président de course a toujours, sauf dans le cas de l'article 12, le droit d'annuler la course, lorsque le vent cesse ou qu'un incident imprévu vient à en troubler le cours. Dans ce cas, il fait amener les pavillons.

L'excès du vent n'est pas une cause de remise ou d'annulation d'une course.

Aussitôt la course terminée, le pavillon signal est amené. C'est à partir de ce moment que compte le délai pour le dépôt des réclamations.

INFRACTIONS AUX RÈGLES DE COURSES
RÉCLAMATIONS

Art. 39. — Toute infraction au présent règlement entraîne la mise hors de course du bateau en faute.

Si l'infraction est le résultat d'une faute commise par un autre bateau, ce dernier seul est mis hors de course.

Art. 40. — Tout bateau est responsable des avaries qu'il cause en course par une manœuvre illicite ou déloyale.

La question de responsabilité et l'estimation des avaries sont jugées sans appel par le Conseil.

ART. 41. — Le simple contact entre deux bateaux, s'il n'a pas porté préjudice, et s'il n'est pas le résultat d'une manœuvre illicite ou du refus du passage, n'entraîne pas nécessairement la mise hors de course.

ART. 42. — Toute réclamation doit être faite par écrit et transmise, dans le délai d'une heure après la fin de la course, au président de la course. Le Conseil peut admettre une réclamation tardive lorsqu'il juge qu'une circonstance exceptionnelle en a empêché le dépôt dans le délai.

Les propriétaires des bateaux ayant pris part à la course pour laquelle ils désirent réclamer ou les gentlemen qui les représentent doivent signer eux-mêmes la réclamation à l'exclusion de toute personne salariée et seuls peuvent la soutenir devant le Conseil.

Le président de course doit toujours agir d'office et mentionner au procès-verbal toute infraction au règlement dont il aurait eu connaissance.

ART. 43. — Toutes les réclamations ou contestations auxquelles les courses peuvent donner lieu sont jugées par le Conseil. Ses décisions sont sans appel. Par le fait seul de l'inscription, les coureurs renoncent à se pourvoir devant toute autre juridiction,

ART. 44. — Les parties intéressées sont convoquées pour la première réunion du Conseil.

Lorsque le réclamant ne se présente pas ou ne se fait pas représenter régulièrement, sa réclamation est considérée comme nulle et non avenue en ce qui le concerne.

ART. 45. — Toute discussion sur la berge est sévèrement prohibée et peut motiver des mesures disciplinaires.

PRIX

ART. 46. — Il est décerné un prix pour deux concurrents, deux prix pour quatre, trois prix pour sept, quatre prix pour dix et ensuite un prix par cinq concurrents.

ART. 47. — Lorsqu'un seul bateau a été inscrit et a pris part à la course, il n'a droit qu'à la moitié du prix. S'il y a eu plusieurs inscriptions, il a droit à la totalité du prix.

ART. 48. — Si, dans une course, deux ou plusieurs bateaux ont accompli le parcours dans le même temps, ils recourent au prochain jour à moins qu'ils ne s'entendent pour partager les prix.

TROISIÈME PARTIE

Courses remises et épreuves nulles. — Pénalités. Engagements particuliers.

COURSES REMISES ET EPREUVES NULLES

ART. 49. — Aucune course de sociétaires ne peut être recommencée.

ART. 50. — Lorsqu'une course publique ne peut s'effectuer, elle doit être remise, à condition que le Conseil puisse en fixer la date dans le délai de quinze jours ; dans le cas contraire, elle est nulle de plein droit. Elle ne peut être remise qu'une fois.

Les bateaux, ayant pris part à une course remise, qui n'ont pas abandonné, ou qui n'ont pas été mis hors de course, peuvent seuls se présenter de nouveau.

Si la course est annulée, remise est faite aux coureurs de leur entrée.

PÉNALITÉS

ART. 51. — Toute manœuvre illicite ou déloyale, tout manque d'égards envers le président de course, sont passibles des pénalités suivantes :

1º Blâme avec inscription au procès-verbal ;
2º Exclusion du droit de courir.

La peine de l'exclusion frappe, selon les cas, soit

le bateau qui a couru, soit tous les bateaux appar-
tenant au même propriétaire, soit le propriétaire
lui-même.

Elle peut être également prononcée contre toute
personne des actes de laquelle le propriétaire est
responsable.

ART. 52. — Les peines ci-dessus sont prononcées
par le Conseil statuant à la majorité de ses membres;
ses décisions sont définitives.

Nulle peine ne peut être prononcée par le conseil
d'administration sans que le délinquant présumé
ait été entendu ou mis en demeure de fournir ses
explications.

ENGAGEMENTS PARTICULIERS

ART. 53. — Le Cercle de la Voile patronne les
matchs et engagements particuliers entre sociétaires
aux conditions suivantes :

Les propriétaires engagés doivent adresser au
président du Cercle une demande contenant le nom
des bateaux, les conditions particulières du défi et
le nom du président de course.

Cette demande doit être accompagnée du versement d'une somme à fixer suivant les circonstances
par le Conseil et au moins égale au montant des
frais de course.

Un défi de cette nature est entièrement assimilé

à une course du Cercle dont le règlement doit être seul et ponctuellement suivi.

Le Cercle prête aux coureurs son matériel de course, qui doit être remis en place aussitôt après l'épreuve, sous la surveillance du président de course et sous la responsabilité des coureurs qui sont solidaires.

Le gagnant a droit, en la payant, à une médaille de la Société, portant la désignation du match. Son nom et la date du défi figureront sur le compte rendu de fin d'année.

Aussitôt après la course, le président de course dresse le procès-verbal contenant les réclamations, s'il y a lieu, et l'envoie au secrétaire des courses.

Le Conseil statue sur les réclamations comme s'il s'agissait d'une course ordinaire.

JAUGE

La *jauge* s'obtient de la manière suivante : Pour les yachts à quille fixe on multiplie la longueur diminuée du quart du périmètre par le périmètre et par la racine carrée de la surface de voilure. Ce produit divisé par 130 exprime la jauge de course.

Ce qui donne la formule :

$$T = \frac{\left(L - \dfrac{P}{4}\right) P \sqrt{S}}{130}$$

dans laquelle :

T, représente la jauge ;

P, la longueur du périmètre en mètres et fractions ;

L, la longueur du yacht en mètres et fractions ;

S, la surface de voilure en mètres carrés et fractions.

Périmètre P. — Le périmètre P est la somme des longueurs de la chaîne passée sous le bateau et du bau. Ces deux dimensions sont prises de la façon suivante :

Chaîne. — On fait passer sous le yacht une

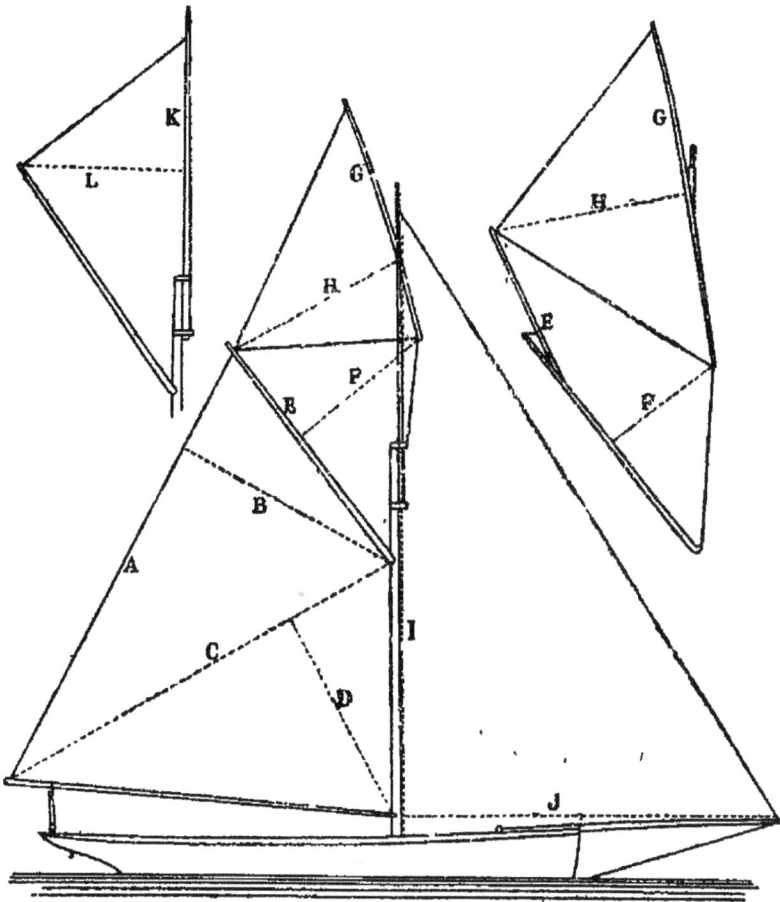

chaîne partant de chaque bord à la hauteur du dessus du pont (ou du plat-bord) ; on mesure la longueur de cette chaîne à l'endroit où elle est la plus longue.

Largeur. — Le *bau* ou largeur se prend de dehors en dehors du bordé à l'endroit où il est le plus grand. Les listons ou porte-haubans ne se comptent pas, mais les préceintes ou toutes saillies faisant partie de la coque se comptent.

Longueur L. — La longueur L pour la jauge se mesure à la flottaison.

Les voûtes et les guibres, quelle que soit leur dimension respective, ne seront pas comptées pourvu que la somme de leurs longueurs ne dépasse pas la moitié de celle de la flottaison. Tout excédent doit être ajouté à la longueur à la flottaison.

Les longueurs des guibres et voûtes sont prises sur le pont, des extrémités du bateau à l'aplomb des extrémités de la flottaison.

Toute saillie au-dessous de la flottaison compte dans la longueur à la flottaison, la mèche et le safran du gouvernail exceptés.

Au moment où les jaugeurs mesureront la longueur à la flottaison d'un yacht, l'équipage ne sera pas à bord. La grande voile devra être enverguée et serrée sur son gui.

La flottaison avant et arrière sera marquée sur la coque d'une façon apparente.

Surface de voilure S. — La surface de voilure se mesure comme suit :

On en établit le plan et on prend la mesure des lignes suivantes :

Grand'voile. — A. — Se mesure du dessus de la bôme (de l'axe du réa du clan situé à l'extrémité) ou de l'extrémité de la glissière jusqu'au pic à l'axe du réa du clan de l'écoute de flèche pourvu que la cosse de la grand'voile ne dépasse pas ce clan. Dans le cas où le yacht n'aurait pas de voile de flèche, ou bien si la cosse de la voile dépassait le plan de l'écoute de flèche, la mesure devrait se prendre jusqu'au trou d'empointure.

B. — Perpendiculaire à A, se mesure de cette ligne jusqu'au mât sous la mâchoire de pic.

C. — Se mesure du dessus de la bôme à partir de l'axe du réa du clan situé à l'extrémité, ou de l'extrémité de la glissière jusqu'au mât sous la mâchoire de la corne.

D. — Perpendiculaire à C, se mesure de cette ligne jusqu'au mât, au-dessus de la bôme, ou bien à la cosse d'amure de la grand'voile, si celle-ci descend plus bas que la bôme.

Flèche carré. — E. — Se mesure depuis le mât au-dessus de la corne jusqu'à l'axe du réa du clan de l'écoute de flèche ou au trou d'empointure dans le balestron.

F. — Perpendiculaire à E, se mesure de cette ligne au trou d'empointure dans la vergue.

G. — Se mesure de trou à trou d'empointure sur la vergue.

H. — Perpendiculaire à G, se mesure de cette ligne à l'axe du réa du clan de l'écoute de flèche ou bien au trou d'empointure dans le balestron.

Flèche pointu. — K. — Se mesure de la mâchoire de la corne à l'axe du réa du clan de la drisse de flèche dans le mât de flèche.

L. — Perpendiculaire à K, se mesure de cette ligne à l'axe du réa du clan de l'écoute de flèche sur le pic ou au trou d'empointure sur le balestron.

Voile d'avant. — I. — Se mesure verticalement depuis le pont jusqu'au point d'intersection avec le mât (ou le mât de flèche suivant les cas) de la ligne prolongée de la ralingue du vent de la voile la plus haute (foc, flying-jib, spinnaker, etc.)...

Dans le cas d'une goélette sans petit mât de flèche, mais qui porte un spinnaker de grand mât, la hauteur, pour le triangle d'avant, doit être mesurée depuis le pont jusqu'au capelage du grand mât de flèche.

J. — Se mesure de l'avant du mât jusqu'au point de rencontre de l'étai du mât de flèche ou du mât à pible avec le collier de beaupré ou bien, dans le cas où cet étai ne porte pas de voiles, le mesurage se prend de l'avant du mât à l'axe du réa du clan d'amure de foc sur le beaupré.

Si la distance prise de l'avant du mât sur sa ligne médiane à l'extrémité du tangon de spinnaker (lorsqu'il est à sa place et brassé carré) est plus grande que la distance de l'avant du mât au point de rencontre de l'étai et du beaupré ou bien à l'axe du réa du clan d'amure du foc, la différence doit être ajoutée à la base du triangle formé par les voiles d'avant, et la surface des voiles d'avant calculée en conséquence.

Dans le cas d'un yacht n'ayant pas de foc, mais portant un spinnaker, la surface, pour la voile d'avant, doit être calculée d'après la longueur du tangon et la hauteur à partir du dessus du pont jusqu'au capelage du mât de flèche ou bien à l'axe du réa du clan le plus élevé de la pible, comme il est indiqué plus haut.

La longueur d'une vergue de spinnaker ne doit pas dépasser un vingtième de la longueur de la bôme. Les balestrons ou vergues sont interdits à la bordure d'un spinnaker.

Dans le cas d'un yacht portant une voile carrée ou un hunier carré, ou une fortune (ensemble ou séparément), la surface réelle de cette voile doit être calculée, et si cette surface excède celle du triangle d'avant, le surplus doit être ajouté à la surface totale pour déterminer la jauge.

Misaine-goélette. — A. — Se mesure de l'avant du grand mât (à la hauteur de la ferrure de la bôme du grand mât) jusqu'à la corne à l'axe du réa du clan de l'écoute de petit flèche.

B. — Perpendiculaire à A, se mesure de cette ligne jusqu'au mât sous la mâchoire de pic.

C. — Se mesure de l'avant du grand mât à la hauteur de la ferrure de bôme, jusqu'au mât sous la mâchoire de la corne.

D. — Perpendiculaire à C, se mesure jusqu'au mât, au-dessus de la ferrure de bôme de misaine ou bien jusqu'à la cosse d'amure de cette voile.

Surface de la grand'voile. — Pour calculer la surface de la grand'voile : Multiplier A par B et C par D, ajouter les deux produits et diviser par 2.

Surface du flèche carré. — Multiplier E par F et G par H ; ajouter les deux produits et diviser par 2.

Surface du flèche pointu. — Multiplier K par L et diviser le produit par 2.

Surface des voiles d'avant. — I. — Se mesure verticalement depuis le pont jusqu'au point d'intersection avec le mât (ou le mât de flèche suivant le cas) de la ligne prolongée de la ralingue du vent de la voile la plus haute (foc, flying-jib, spinnaker, etc.).

Dans le cas d'une goélette sans petit mât de flèche, mais qui porte un spinnaker de grand mât, la hauteur pour le triangle d'avant doit être mesurée depuis le pont jusqu'au capelage du grand mât de flèche.

J. — Se mesure de l'avant du mât jusqu'au point d'intersection avec la coque ou le beaupré, ou tout espars faisant suite au beaupré, suivant le cas, de la ligne prolongée de la ralingue du vent de la voile le plus avant (foc, flying-jib, spinnaker, etc.), le tangon de spinnaker étant mis en place et orienté dans l'axe du yacht.

Surface de voilure d'une goélette ou d'un yawl. — Même opération que précédemment ; dans le cas d'un yawl ayant un tapecul au tiers, les trous d'empointure aux extrémités de la vergue seront pris comme points de départ pour les mesures du haut de la voile.

Surface des voiles latines et des voiles d'avant. — Dans le cas d'une voile latine, d'une voile de bisquine ou d'une voile tiercée, la surface totale doit en être mesurée ; si le yacht porte aussi des voiles d'avant, la surface en est prise de l'avant du mât comme il a été indiqué plus haut.

Pour calculer la surface formée par le rond de l'envergure d'une voile latine (ou par le rond du tablier ou de la chute, etc., s'il est tenu par des lattes) il faut multiplier la base E par les deux tiers de la perpendiculaire P.

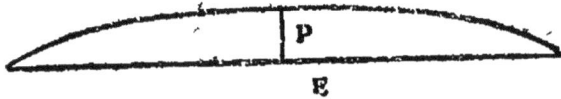

En cas de désaccord sur les mesures prises, ou bien si les mesures nécessaires ne peuvent être obtenues du maître voilier, les voiles peuvent être mesurées de la manière suivante :

On prend la longueur de la bôme depuis le mât jusqu'à l'axe du réa du clan situé à l'autre extrémité, ainsi que la longueur de la corne depuis le mât jusqu'à l'axe du réa du clan de l'écoute de flèche ou au trou d'empointure, selon les cas. On hisse et on étarque la voile, de sorte que le poids de la bôme tende la chute. On mesure ensuite avec une ligne la chute, le guindant et la diagonale C. Pour les voiles d'avant, on mesure la hauteur I et la distance J, comme il est expliqué précédemment. Pour le flèche, on le hisse et on y trace une ligne suivant le contact avec la corne ; ensuite le flèche est amené et les autres dimensions prises. Avec ces mesures on trace le plan de voilure et les surfaces sont calculées comme il est indiqué plus haut.

Pour les yachts à la dérive, la jauge calculée comme ci-dessus sera majorée d'un vingtième.

Dans le cas où le poids de la dérive, exprimé en kilogrammes, est supérieur au produit du chiffre exprimant le tonnage multiplié par 50, la dérive est considérée comme lestée.

Dans ce cas, la surcharge à ajouter au tonnage sera d'autant de fois un vingtième que le produit précédent sera compris de fois dans le poids de la dérive, les fractions comptant pour une unité.

Pour les yachts construits avant le 1er novembre 1892, le multiplicateur 50 est remplacé par 76.

Particularités de construction.

Si le commissaire délégué juge que, par suite de quelques particularités dans la construction d'un yacht, les règles ci-dessus n'en donnent pas la jauge, conformément à l'esprit de l'article 5, il devra en référer au Conseil qui statuera en dernier ressort.

Tableau d'allégeance en Rivière

TONNAGE	ALLÉGEANCE pour parcours de 1 kil.	TONNAGE	ALLÉGEANCE pour parcours de 1 kil.	TONNAGE	ALLÉGEANCE pour parcours de 1 kil.	TONNAGE	ALLÉGEANCE pour parcours de 1 kil.	TONNAGE	ALLÉGEANCE pour parcours de 1 kil.	TONNAGE	ALLÉGEANCE pour parcours de 1 kil.
	m. s.		m. s.		m. s.		m. s.		m. s.		m. s.
0.1	0 7 7	1.8	1 24.2	3.5	1 52.5	5.2	2 5.6	6.9	2 13	8.6	2 17.3
0.2	0 14.9	1.9	1 27	3.6	1 53.5	5.3	2 6.2	7.0	2 13 3	8.7	2 17.5
0.3	0 21.5	2.0	1 29.7	3.7	1 54.5	5.4	2 6.7	7.1	2 13.6	8.8	2 17.7
0.4	0 27.5	2.1	1 31.8	3.8	1 55.4	5.5	2 7.2	7.2	2 13.8	8.9	2 18
0.5	0 33	2.2	1 33 8	3.9	1 56.3	5 6	2 7.7	7.3	2 14.1	9.0	2 18.2
0.6	0 38	2.3	1 35.8	4.0	1 57.2	5.7	2 8.2	7.4	2 14.4	9.1	2 18.4
0.7	0 42.6	2.4	1 37.7	4.1	1 58.1	5.8	2 8.7	7.5	2 14.6	9.2	2 18.6
0.8	0 46.9	2.5	1 39.3	4.2	1 58.9	5.9	2 9.2	7.6	2 14.9	9.3	2 18.8
0.9	0 51	2.6	1 40 8	4.3	1 59.7	6.0	2 9.6	7.7	2 15.2	9.4	2 19
1.0	0 55	2.7	1 42 3	4 4	2 0.4	6.1	2 10	7.8	2 15.4	9.5	2 19.2
1.1	0 58.9	2.8	1 43.8	4.5	2 1.1	6.2	2 10.4	7.9	2 15.7	9.6	2 19.4
1.2	1 2.8	2.9	1 45.3	4.6	2 1.8	6.3	2 10.8	8.0	2 16	9.7	2 19.6
1.3	1 6.7	3.0	1 46.7	4.7	2 2.5	6.4	2 11.2	8.1	2 16.2	9.8	2 19.8
1.4	1 10.6	3.1	1 47 9	4.8	2 3.2	6.5	2 11.6	8.2	2 16.4	9.9	2 19.9
1.5	1 14.5	3.2	1 49.1	4.9	2 3.8	6.6	2 12	8.3	2 16.7	10	2 20
1.6	1 18.2	3.3	1 50.3	5.0	2 4.4	6 7	2 12.4	8.4	2 16.9		
1.7	1 21.4	3.4	1 51.5	5.1	2 5.0	6.8	2 12.7	8.5	2 12.7		

www.ingramcontent.com/pod-product-compliance
Lightning Source LLC
Chambersburg PA
CBHW070800220326
41520CB00053B/4670